Dis-moi pourquoi BABAR™

La ferme et le jardin

HACHETTE
Jeunesse

Quels plantes et animaux trouve-t-on dans les jardins ?

C'est le jardinier qui choisit les plantes qui se trouvent dans son jardin. On y rencontre des animaux familiers et apprivoisés mais aussi des animaux complètement libres.

Dans un jardin, il y a des arbres. L'été, ils permettent de se rafraîchir car ils font de l'ombre avec leur feuillage. Les espèces d'arbres sont nombreuses : les marronniers, les peupliers, les tilleuls, les pins et bien d'autres encore. Les oiseaux vivent dans les arbres. Ils s'installent sur les branches pour chanter et pour faire leur nid.

Les animaux du jardin

▪ Au pied des arbres, poussent l'herbe et les fleurs que le jardinier a plantées : les roses, les marguerites, les hortensias ou encore les iris. Les fleurs et l'herbe attirent les insectes : on peut y voir des mouches, des abeilles, des papillons ou encore des coccinelles.

▪ Les lézards, les escargots ou les souris, sont prudents et vivent cachés. Ils redoutent les chats et les chiens qui cherchent à les attraper.

▪ Tous les jardins abritent également de minuscules animaux, passionnants à observer : les fourmis, les vers de terre ou les araignées.

Pourquoi les chats mangent-ils de l'herbe ?

Les chats mangent de l'herbe, car cela leur nettoie l'estomac. Ils en avalent très souvent et ils la vomissent juste après.

Tu as sûrement déjà vu un chat faire sa toilette. Tu as remarqué qu'il lèche ses poils pour les nettoyer. En agissant ainsi, il avale beaucoup de poils et cela lui fait mal à l'estomac.

▪ Pour les chats, l'herbe est un peu comme un médicament. Faute de pouvoir la digérer, ils la vomissent, c'est-à-dire qu'ils la rejettent par la bouche aussitôt après l'avoir avalée, comme toi lorsque tu es malade.

▪ Quand elle ressort, l'herbe entraîne avec elle les poils qui se trouvaient dans l'estomac et qui gênaient le chat. Après, il se sent beaucoup mieux !

Pourquoi les yeux des chats brillent-ils dans la nuit ?

Les yeux des chats leur permettent de mieux voir que nous quand il fait nuit. C'est pour cela qu'ils brillent comme des miroirs.

Quelles sont ces lueurs ?

Si tu regardes l'œil d'un chat, tu remarques qu'il est un peu différent du tien. Le rond noir du milieu, appelé « pupille », est plus grand que celui des êtres humains.

▪ Grâce à cette particularité, le chat est très sensible à la lumière. Il voit mieux que nous dans la nuit car son œil est capable de percevoir un environnement faiblement éclairé par la Lune et les étoiles.

▪ Ses yeux brillent parce qu'ils agissent comme des miroirs. Ils reflètent la lumière et se mettent à briller. On dirait deux petites lampes qui s'allument dans le noir.

Pourquoi les chiens tirent-ils la langue ?

Les chiens tirent la langue lorsqu'il fait chaud ou lorsqu'ils ont couru.

Lorsque nous avons trop chaud ou lorsque nous avons couru, nous nous mettons à suer : notre corps se couvre de gouttelettes d'eau. C'est la « transpiration ». Elle sert à protéger notre corps en l'empêchant de trop chauffer.

▪ Les chiens ne transpirent pas de la même façon que nous. Lorsqu'ils ont chaud, ils doivent souffler par la bouche pour refroidir leur corps. C'est pour cela qu'ils respirent très vite en ouvrant leur gueule.

▪ S'ils tirent la langue, ce n'est donc pas parce qu'ils sont mal élevés, mais parce qu'ils empêchent l'échauffement de leur corps !

Pourquoi les chiens reniflent-ils sans cesse ?

Quelle que soit leur race, nos plus proches compagnons sont pourvus d'un museau très efficace. On dit qu'ils ont un « flair » très développé.

Leur museau est tapissé de minuscules particules appelées « cellules olfactives », qui leur permettent de reconnaître les odeurs même les plus fines. Les cellules atteignent le nombre de 225 millions, soit 250 fois plus que pour nous.

■ C'est grâce à leur « flair », que les chiens de berger sont capables de retrouver un mouton perdu, et que les chiens d'avalanche aident les sauveteurs à retrouver les blessés enfouis sous la neige ou les enquêteurs à retrouver la trace d'une personne.

Les taupes sont-elles vraiment myopes ?

Les taupes sont vraiment très myopes ! Mais cela ne les gêne guère car elles vivent sous la terre, dans le noir.

Les taupes sont difficiles à observer. Elles ne sortent presque jamais à la lumière. Dans un jardin, elles se font remarquer parce qu'elles laissent des tas de terre partout, en creusant avec leurs pattes les galeries dans lesquelles elles vivent.

■ Quand on dit à quelqu'un qu'il est « myope comme une taupe », cela signifie qu'il a une très mauvaise vue, car les taupes sont presque complètement aveugles !

■ Les taupes n'ont pas besoin de leurs yeux. Comme elles sont sensibles aux odeurs, elles se repèrent avec leur nez, en reniflant.

Pourquoi l'araignée tisse-t-elle une toile ?

C'est pour attraper son dîner que l'araignée tisse sa toile. Elle lui sert à piéger les insectes imprudents.

Sous son ventre, l'araignée a des petits trous. C'est de là que sort le fil de soie qui lui sert à tisser sa toile. C'est un travail méticuleux. L'araignée passe d'un mur ou d'une branche à l'autre en tendant son fil, jusqu'à ce qu'elle ait dessiné un vrai filet.

■ Une fois son travail terminé, l'araignée attend qu'un insecte maladroit, une mouche ou une guêpe, s'accroche dans sa toile, remue et s'emmêle de plus en plus. Quand il ne peut plus bouger, l'araignée va le chercher et le dévore.

■ La plus grande toile d'araignée que l'on connaisse mesure près de 3 mètres !

Où les lézards se cachent-ils ?

Tu trouveras des lézards dans les endroits
les plus chauds du jardin.
Ils adorent se prélasser
sur les murs et les pierres.

Bain de soleil !

Les lézards sont friands de chaleur. Pour survivre, ils ont besoin de prendre un bain de soleil tous les matins. C'est pour cela qu'il est plus facile de les observer en été, lorsqu'il fait chaud.

■ Tu les trouveras sur les murs où ils restent de longs moments immobiles. Ils guettent les insectes qu'ils attrapent en projetant leur langue en avant.

■ Pour t'approcher d'un lézard, avance doucement pour ne pas l'effrayer. Attention à ton ombre : cela l'avertirait de ta présence et il s'enfuirait !

Pourquoi certains lézards n'ont-ils pas de queue ?

C'est parce qu'ils utilisent une ruse pour échapper à leurs ennemis que certains lézards n'ont pas de queue.

Lorsqu'on attrape un lézard par la queue, il arrive que celle-ci se casse. Le lézard s'enfuit en abandonnant sa queue dans le bec ou la main de celui qui voulait le prendre !

■ Le lézard peut très bien vivre quelque temps sans sa queue. Au bout de 8 mois environ, sa queue aura complètement repoussé.

Comment peut-on savoir l'âge d'une tortue ?

Pour connaître l'âge d'une tortue, il suffit d'observer sa carapace.

■ Pour déterminer l'âge de la tortue, il faut compter le nombre de cercles sur les écailles. Si tu en comptes 10, c'est que la tortue a 10 ans.

■ Les tortues de jardin peuvent vivre jusqu'à 20 ans. Mais certaines tortues d'autres pays peuvent vivre plus de 100 ans !

La carapace d'une tortue est composée de grosses plaques appelées « écailles ». Sur ces écailles, sont dessinés des cercles. Chaque année pendant l'hiver, lorsqu'elle se cache sous la terre en attendant le retour de la chaleur, la tortue fabrique un nouveau cercle.

La tortue de Pom comporte 7 cercles, elle a donc 7 ans.

Pourquoi l'escargot se déplace-t-il si lentement ?

L'escargot avance très lentement parce qu'il n'a pas de pattes. De plus, il porte sur son dos une coquille dans laquelle il peut rentrer pour se protéger.

Pour avancer, les escargots utilisent leurs muscles. En les contractant, ils se traînent lentement sur le sol. C'est pour cela qu'ils laissent sur leur passage une traînée humide qui ressemble à de la bave. Elle leur permet de mieux glisser.

■ Si tu attrapes un escargot, place-le dans un pot de confiture vide. Tu pourras observer à travers le verre comment il glisse. Sans pattes et avec sa lourde coquille sur le dos, il lui est impossible de courir. En une heure, il parcourt seulement 7 mètres !

Pourquoi les mouches sont-elles si difficiles à attraper ?

Il est très difficile d'attraper les mouches parce qu'elles voient tellement bien ce qui se passe autour d'elles, qu'au moindre mouvement elles s'enfuient à tire-d'aile.

▪ Une mouche est bien difficile à prendre par surprise. Elle perçoit le moindre mouvement. Lorsque quelqu'un approche sa main pour l'attraper, elle est presque toujours plus rapide que lui et elle s'enfuit aussitôt.

Les mouches, comme la plupart des insectes, ont des yeux très différents des nôtres. Très gros, ils sont composés de centaines de facettes, comme des petits yeux minuscules collés les uns aux autres. Cela leur permet de voir sur les côtés et derrière elles.

La mouche

Pourquoi les ailes des papillons sont-elles colorées ?

C'est pour se protéger que les papillons ont des ailes de couleur. Ces dernières leur servent à tromper les oiseaux qui voudraient les dévorer.

Regarde les papillons voler. Ils sont superbes avec leurs ailes multicolores. Ce spectacle magnifique leur sert avant tout à se protéger.

■ Certains ont des ailes blanches avec une tache noire en forme d'œil. Ainsi, les oiseaux qui voudraient les manger ne les reconnaissent pas.

Le papillon

■ D'autres ont des ailes vertes qui imitent les feuilles des arbres, ce qui leur permet de se cacher.

■ Il y en a avec des ailes rouges et noires. C'est pour avertir les oiseaux qu'ils ont mauvais goût et qu'il est donc inutile de les attraper !

Que mangent les souris ?

La souris est un animal gourmand. Elle dévore presque tout ce qu'elle trouve dans les maisons et les fermes.

La souris grise, que nous rencontrons dans les maisons et les jardins, est beaucoup plus gourmande que sa cousine, la souris des champs, qui mange surtout de l'herbe. Rien ne résiste à la souris grise !

■ À la recherche de nourriture, la souris grise se faufile partout, dans la cuisine, dans la cave ou le grenier. Elle escalade les murs, creuse des trous et ronge les sacs.

■ La souris adore les biscuits, les fruits, le sucre, le papier et même le savon ! Mais on dit que son plat préféré, c'est le gruyère. Pour attraper une souris, on pose un morceau de gruyère sur un piège pour l'attirer.

Est-ce que les serpents sont dangereux ?

Les serpents ne sont pas tous dangereux.
Dans les jardins et les fermes,
il faut tout de même
faire attention aux vipères.

Le serpent que l'on rencontre le plus souvent est la couleuvre. Elle peut mordre, mais elle n'est pas dangereuse. On la reconnaît parce que sa queue est longue et que sa pupille, la partie noire de son œil, est ronde.

■ Il peut aussi t'arriver de rencontrer une vipère. Attention, c'est un serpent venimeux : quand il mord, il injecte à sa victime un poison dangereux.

■ On reconnaît une vipère à sa queue plus courte que celle de la couleuvre et à sa pupille fendue. Elle se cache sous les pierres d'où elle n'aime pas être dérangée.

Pourquoi les oiseaux font-ils des nids ?

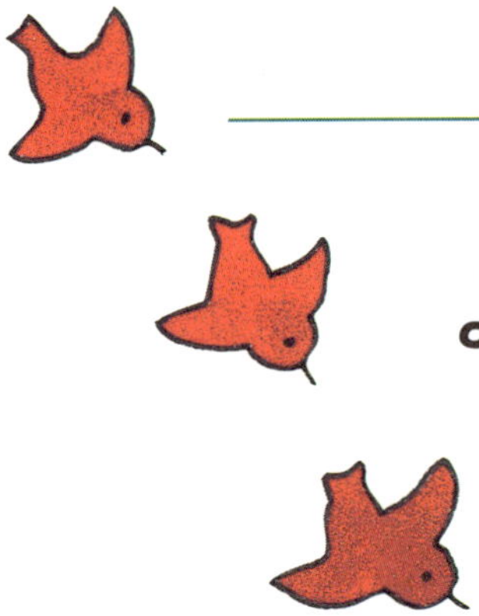

Les oiseaux font des nids pour protéger leurs petits du froid et des animaux. Ils les construisent avec des branches d'arbres, de la paille et des feuilles.

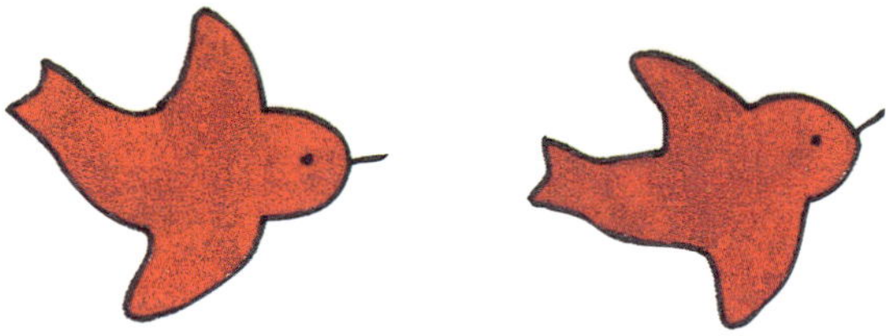

Quand un couple d'oiseaux sait qu'il va avoir des petits, il construit un nid dans un arbre ou dans l'herbe…

■ La maman s'y installe et y pond ses œufs. Elle se couche dessus et les tient au chaud pendant un certain temps. Lorsque les oisillons sont sortis de l'œuf, leurs parents partent leur chercher de la nourriture. Les petits restent dans le nid. Ils sont à l'abri des animaux qui pourraient les manger.

■ Quand ils ont grandi, leurs parents leur apprennent à voler et toute la famille abandonne le nid.

Pourquoi dit-on que la pie est voleuse ?

La pie est un oiseau farceur.
On la dit voleuse parce que
dès qu'elle voit un objet brillant,
elle s'en empare et s'enfuit avec.

Les pies se reconnaissent à leurs plumes noires et blanches et à leur longue queue. Cet oiseau a une passion pour tout ce qui est brillant.

- Lorsqu'une pie aperçoit, par une fenêtre ouverte par exemple, une pierre précieuse, une montre qui brille ou encore un collier, elle ne peut s'empêcher d'aller la voler. Elle l'attrape avec son bec et va aussitôt la cacher dans son nid ou dans un trou.

- Les pies sont non seulement des voleuses mais aussi des bavardes. Elles font beaucoup de bruit. C'est pour cela que l'on dit de quelqu'un qui parle beaucoup qu'il est « bavard comme une pie » !

Comment une fleur est-elle faite ?

Même si elles ont une forme, une couleur différentes, toutes les fleurs sont faites de la même façon.

La fleur se situe au bout d'une tige et commence par une couronne de feuilles vertes appelée « calice ». Au-dessus du calice, se trouvent les « pétales ». Ils donnent leur couleur à la fleur.

En écartant les pétales, tu vois le cœur, avec le « pistil » et les « étamines ». Le pistil est une tige avec une boule au bout. Les étamines, des tiges plus fines, entourent le pistil. Elles ont au bout une capsule recouverte d'une poussière jaune, le « pollen ».

Comment les abeilles font-elles du miel ?

Pour faire du miel, les abeilles vont chercher du pollen et du nectar sur les fleurs. Elles « butinent ».

Tu as sûrement déjà vu une abeille butiner les fleurs. Elle se pose sur les étamines et ramasse du pollen (voir p. 24) sur son dos et ses pattes.

■ Ensuite elle se pose dans les pétales et elle avale le « nectar », un liquide sucré que fabriquent les fleurs et dont elle est friande.

■ Dans le ventre de l'abeille, le nectar se transforme petit à petit en miel. Elle revient à la ruche et fait alors sortir le miel de son ventre. Elle le dépose dans de petites niches appelées « alvéoles », qui lui servent de garde-manger.

■ Lorsque tu dégustes une délicieuse tartine de miel, souviens-toi de la petite abeille si travailleuse qui a butiné pour le fabriquer !

La fabrication du miel

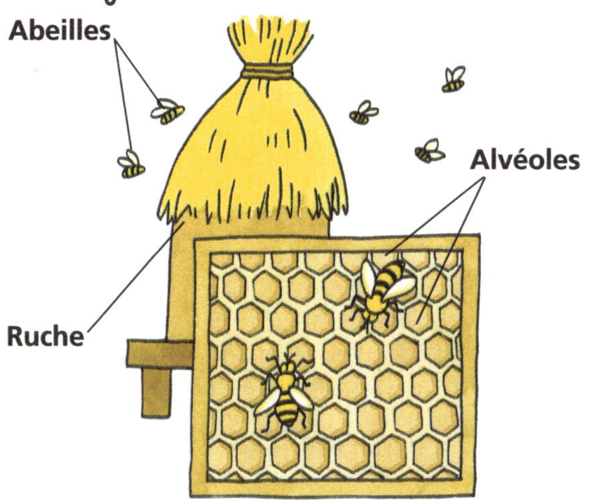

Comment les fleurs se reproduisent-elles ?

Pour se reproduire, une fleur doit fabriquer des graines. La plupart du temps, ce sont les insectes, comme les abeilles et les papillons, qui l'aident.

À l'intérieur de sa tige, la fleur fabrique de minuscules œufs appelés « ovules ». Elle fabrique également une poussière jaune, le pollen, qui se situe au bout de ses étamines (voir p. 24).

■ Pour faire des graines, il faut que le pollen et l'ovule se mélangent. Ce sont les insectes qui, en butinant les fleurs, provoquent ce mélange.

■ Comme le pollen ressemble à de la poussière, l'abeille qui se pose sur les étamines s'en met plein le dos et les pattes. Ensuite, lorsqu'elle se pose sur le pistil (voir p. 24) d'une autre fleur, elle y fait tomber un peu de ce pollen qui descend jusqu'à l'ovule par un petit tunnel et donne naissance aux graines.

■ Les graines font gonfler le cœur de la fleur. Elle va bientôt se faner et se transformer en fruit, rempli de graines. Ces graines tomberont sur la terre dans laquelle elles s'enfonceront pour donner naissance à une nouvelle plante et à une nouvelle fleur.

Pourquoi l'herbe est-elle verte ?

L'herbe est verte parce qu'elle contient beaucoup de « chlorophylle », une substance qui lui permet de se servir des rayons du soleil pour fabriquer sa nourriture.

Comme toutes les plantes, l'herbe est vivante. Elle est constituée de minuscules particule, les « cellules ». Dans les cellules de l'herbe, il y a de la chlorophylle, qui est verte.

▪ Grâce à la chlorophylle, l'herbe attrape la lumière du soleil. C'est ce que l'on appelle la « photosynthèse », une réaction chimique compliquée lui permettant de transformer l'eau et l'air qui l'entourent en nourriture. Cette nourriture lui donne de l'énergie pour pousser.

Pourquoi faut-il arroser un jardin ?

Aucune plante ne peut survivre sans eau. C'est pour cela que quand il n'a pas plu depuis longtemps, il faut arroser son jardin.

Les plantes, qu'il s'agisse des arbres, de l'herbe ou des fleurs, ont besoin de beaucoup d'eau. Si elles en sont privées, elles se fanent et elles meurent. L'eau leur permet de fabriquer leur nourriture et donc d'avoir suffisamment d'énergie pour pousser et se reproduire.

■ Quand il pleut, les plantes sont heureuses. Comme la terre est mouillée, elles peuvent boire toute l'eau dont elles ont besoin. Mais pendant l'été, lorsqu'il n'y a plus de nuages et de pluie, la terre devient très sèche et elles ont soif. Il faut alors les arroser.

Qu'est-ce qu'un potager ?

Un potager est un jardin où l'on cultive les légumes qui servent à préparer de bons petits plats.

Savais-tu que les carottes et les radis poussaient sous la terre, que les tomates étaient accrochées à de petits buissons et que les salades grandissaient très vite ? Si tu visites un potager, tu découvriras comment poussent les aliments que tu retrouves à la maison dans ton assiette.

Les légumes du potager

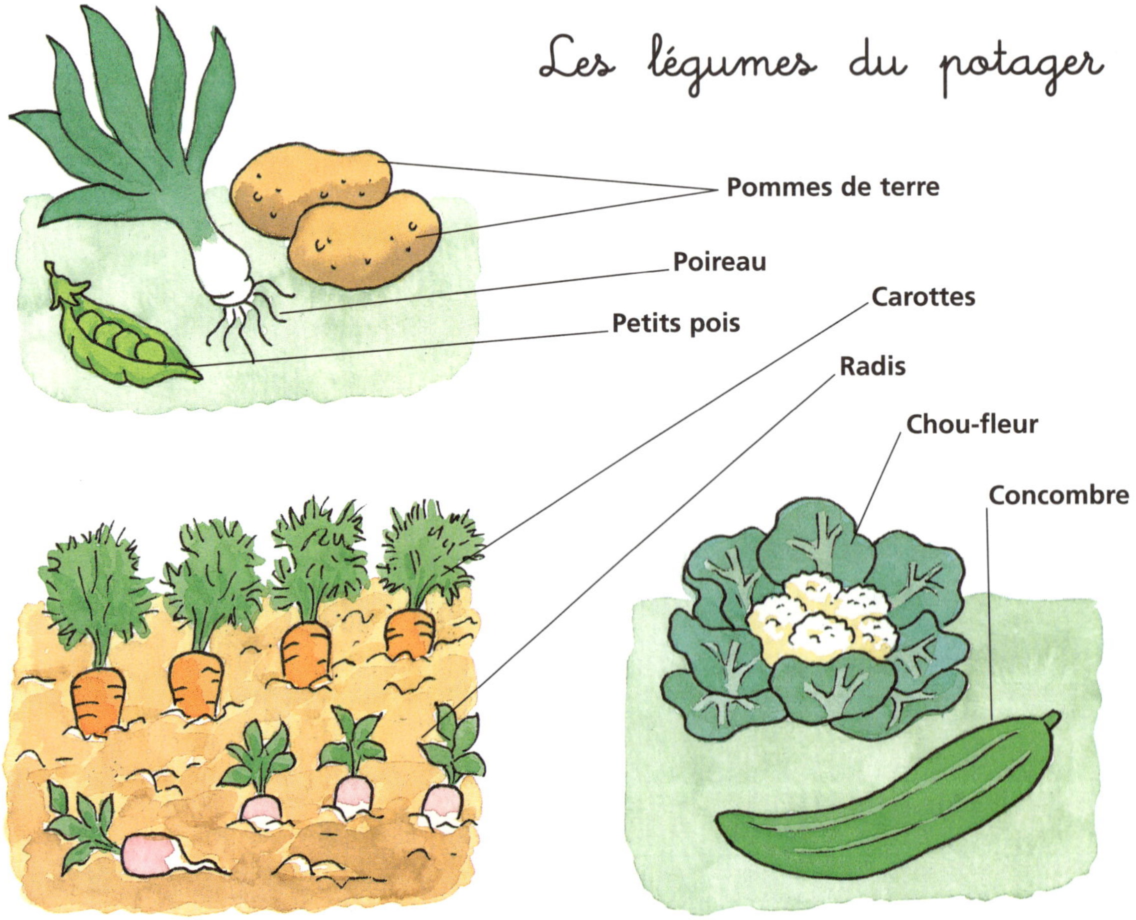

■ Chaque légume pousse à une saison particulière : au printemps, le jardinier ramasse les petits pois et les courgettes ; en été, il cueille les tomates et les haricots verts ; en automne, c'est au tour des choux-fleurs et en hiver, celui des épinards.

■ Un jardin potager demande beaucoup de travail. Pour obtenir de belles salades bien vertes, il faut que le jardinier les arrose mais aussi qu'il empêche les insectes de les dévorer.

■ Quand les légumes ont été ramassés, il faut aussitôt en planter ou en semer de nouveaux pour pouvoir en manger pendant toute l'année. Il est important pour nous de manger des légumes parce qu'ils apportent à notre corps toutes les vitamines nécessaires à la croissance et à la bonne santé.

Qu'est-ce qu'un verger ?

Quand tu te promènes dans la campagne, tu peux voir des vergers. Un verger est un champ où l'on a planté des arbres qui donnent des fruits.

T'es-tu déjà demandé d'où venaient les pommes, les poires, les prunes, les cerises, les pêches ou les abricots que tu dégustes pour ton dessert ?

■ Tous ces fruits sont cultivés dans les vergers. Les arbres fruitiers sont plantés pendant l'hiver. Il y a des champs de pommiers, de poiriers, de pêchers. Ces arbres vivront et donneront des fruits pendant des dizaines d'années.

■ Au printemps, les feuilles poussent et les arbres fruitiers se couvrent de fleurs blanches et roses. L'été, les fleurs tombent et sont remplacées par les fruits qui vont gonfler au soleil. Quand un fruit est mûr, il tombe de l'arbre. Les paysans le ramasse alors.

■ En automne, on ramasse surtout des pommes et des prunes. Il y a beaucoup de fruits mûrs, c'est le moment de faire de bonnes confitures !

Quels sont les animaux qui vivent à la ferme ?

Les animaux qui vivent à la ferme sont tous très utiles. Ils fabriquent des produits dont nous avons besoin ou bien ils nous aident pour les travaux des champs.

■ Les vaches dorment dans une partie de la ferme appelée « étable ». Pendant la journée, elles broutent de l'herbe dans les champs. Ce sont elles qui fabriquent le lait.

■ Les moutons dorment dans la « bergerie ». Leur laine nous sert à tricoter des pulls.

Les animaux de la ferme sont soignés et nourris par le fermier qui s'occupe aussi de récolter les produits fabriqués par ces derniers. Voici quelques-uns de ces animaux domestiques.

■ Dans une ferme, il y a toujours un chien. Il s'occupe de surveiller les autres animaux.

■ Les poules vivent dans la cour de la ferme et elles dorment dans le « poulailler ». Elles pondent les œufs que nous dégustons à la coque, en omelette…

■ Autrefois, il y avait des chevaux dans les fermes. Ils dormaient à l'« écurie » et ils aidaient les fermiers à tirer leurs charrettes et leurs charrues pour labourer les champs. Aujourd'hui, les tracteurs les ont remplacés et les chevaux sont de moins en moins nombreux dans les fermes.

Comment les poules font-elles des petits ?

Pour faire des petits, les poules pondent des œufs. Au bout de 21 jours, les poussins sortent de la coquille.

Pour pondre ses œufs, la poule s'installe sur un tas de paille. Lorsque les œufs sortent de son ventre, elle chante. On dit qu'elle « caquette » ou qu'elle « glousse ».

- Pendant 21 jours elle couve ses œufs, c'est-à-dire qu'elle reste assise dessus pour les tenir au chaud.

- Quand les poussins naissent, ils remuent à l'intérieur de l'œuf et cassent leurs coquilles. Lorsqu'ils en sortent, ils sont tout jaunes.

- Quand les poussins grandissent, leurs plumes changent de couleur. Et ils deviennent des poulets.

Les poussins

La poule pond des œufs

La poule couve ses œufs

21 jours plus tard, les œufs éclosent !

Est-ce que les poules ont des dents ?

Les poules n'ont pas de dents. Elles se servent de leur bec pour déchirer leur nourriture.

La poule appartient à la famille des oiseaux. À la ferme, elle vole peu, mais elle a tout de même des ailes et un bec.

- Quand la poule se nourrit, on dit qu'elle « picore ». Elle attrape par terre les graines et aussi les vers de terre avec son bec. Comme elle n'a pas de dents, elle les avale en entier sans les mâcher. Dans son estomac, il y a des petits cailloux qui déchirent la nourriture.

- Quand on veut plaisanter et dire que quelque chose n'arrivera sûrement pas, on emploie l'expression « quand les poules auront des dents ! », ce qui signifie « jamais » !

La digestion

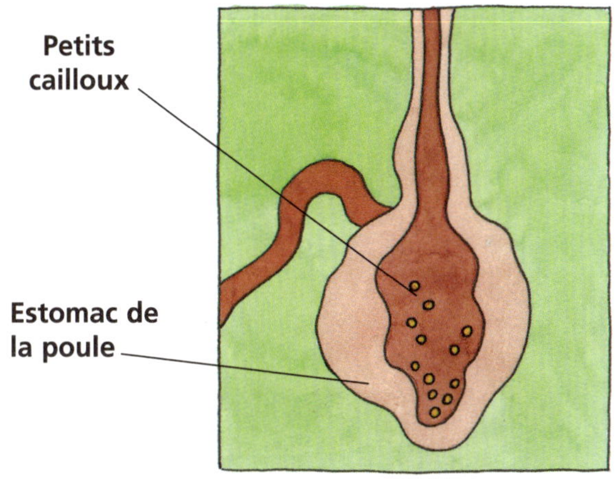

Comment récolte-t-on la laine des moutons ?

Pour récolter la laine d'un mouton, on doit le tondre, c'est-à-dire couper son pelage.

Chaque année, pendant l'hiver, les moutons se couvrent d'une épaisse couche de laine. Leur peau est alors protégée par un long manteau blanc, qui leur permet de vivre dehors sans souffrir du froid.

- En été, quand les journées sont chaudes et que les moutons ne risquent plus d'avoir froid, le berger les attrape et coupe leur laine avec une petite tondeuse. Cela ne leur fait pas mal du tout. Ils ne sentent rien. Néanmoins, ils ont parfois peur.

- La laine coupée est encore sale et toute emmêlée. On la peigne et on la lave, puis on fabrique des pelotes qui servent à tricoter des pulls.

Qu'est-ce que mangent les lapins ?

Le lapin est un gourmand, il mange beaucoup, surtout de l'herbe et des légumes.

Le lapin est gourmand mais il prend ses repas à des heures bien précises, de préférence au lever et au coucher du soleil.

■ Ce sont les herbes des champs qu'il préfère, les trèfles ou les pissenlits. Il les arrache avec ses dents pointues.

Il aime aussi les carottes, la salade, les grains d'orge et d'avoine.

■ Le lapin doit boire souvent mais il a un estomac fragile. Il ne faut jamais lui donner de l'herbe mouillée car cela pourrait le rendre malade.

À quoi sert le lait des vaches ?

Le lait des vaches nous est très utile. Il contient beaucoup de vitamines et sert à fabriquer de délicieux produits.

Le lait de vache donne beaucoup d'énergie. Pour grandir, les enfants doivent en boire en quantité parce qu'il contient du calcium, un produit qui permet aux os de s'allonger et de devenir très solides.

■ Tu peux boire du lait froid ou chaud, tu peux le mélanger avec du chocolat en poudre ou bien avec des céréales pour ton petit-déjeuner.

■ Avec le lait, on fabrique un grand nombre d'aliments que tu trouves tous les jours sur la table : le beurre est fabriqué avec le lait de vache que l'on tourne et que l'on fait durcir. Le yaourt contient du lait que l'on a laissé reposer quelque temps et qui a « caillé », c'est-à-dire qui a épaissi et dans lequel se sont formés de petits-grumeaux.

Les produits laitiers

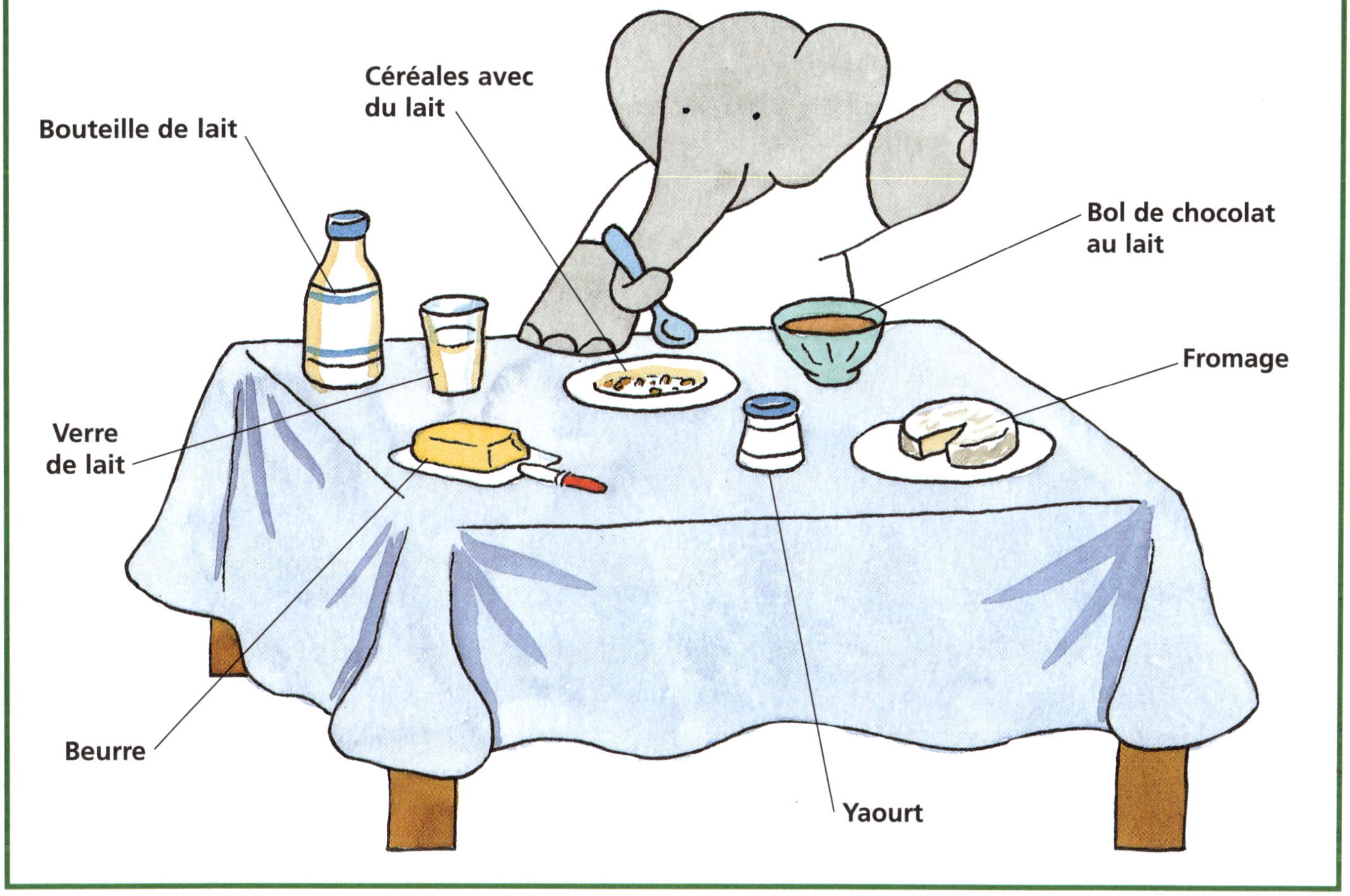

■ Il ne faut pas oublier non plus les fromages. Le camembert, par exemple, est fait avec le lait des vaches de Normandie, une région du Nord de la France.

■ Pour que le lait d'une vache soit bon, il faut que l'herbe qu'elle mange tous les jours soit de bonne qualité. C'est cela qui donne une partie de son goût aux fromages.

Comment fait-on pour prendre le lait d'une vache ?

Pour faire sortir le lait de la vache, il faut la « traire », c'est-à-dire tirer sur ses mamelles. C'est le fermier qui fait ce travail, deux fois par jour.

Les mamelles des vaches sont situées sous leur ventre. Elles ressemblent à de grosses poches roses avec des tétines au bout. C'est par ces tétines que les petits de la vache, les veaux, tètent le lait de leur maman. Pour traire la vache, le fermier doit tirer sur les tétines, tout doucement. Comme les tétines sont percées, le lait sort et coule dans un seau placé juste en dessous.

■ Aujourd'hui, les fermiers utilisent des machines électriques que l'on accroche aux mamelles des vaches et qui tirent automatiquement sur les tétines.

Quel est l'animal de la ferme qui fait le plus de bruit ?

Tous les animaux de la ferme ont un chant bien à eux, mais celui qui se met le plus souvent à crier est le dindon.

Le dindon est facile à reconnaître. Il vit en compagnie des poules et des coqs mais il est bien plus gros. Il est noir et brun, avec une drôle de peau rouge qui pend sur son cou.

■ C'est un animal très coléreux : il se dispute souvent avec les poules. Comme il déteste le rouge, il se fâche très fort quand il aperçoit cette couleur.

■ La voix du dindon est très puissante et désagréable. On dit qu'il « glougloute », parce que quand il crie on dirait qu'il fait « glouglouglouglou... » !

Conception et réalisation de l'ouvrage : Hachette Livre.
Édition : Hachette Livre pour la présente édition.
Adaptation de l'image : Jean-Claude Gibert,
d'après les personnages créés par Jean et Laurent de Brunhoff.
Rédaction du texte : Isabelle Fougère

Loi n°49-956 du 16 juillet 1949
sur les publications destinées à la jeunesse

ISBN : 2.01.223804.1 – 22.90.3804.6/02
Dépôt légal : 1335 – septembre 1998
Imprimé en France par IME et relié par AGM.